Sergei Aleksandrovich Koussevitzky

Selected works
Ausgewählte Stücke

for Double Bass and Piano · für Kontrabass und Klavier

op. 1, 2, 4

KONTRABASS

F 95086

ROB. FORBERG MUSIKVERLAG

INDEX · INHALT

F 95086

ISMN 979-0-2061-0620-0

KONTRABASS

Two Pieces · Zwei Stücke
Andante

Sergei A. Koussevitzky
op. 1/1

À Mademoiselle Nathalie Ouchkoff

Valse miniature

op. 1/2

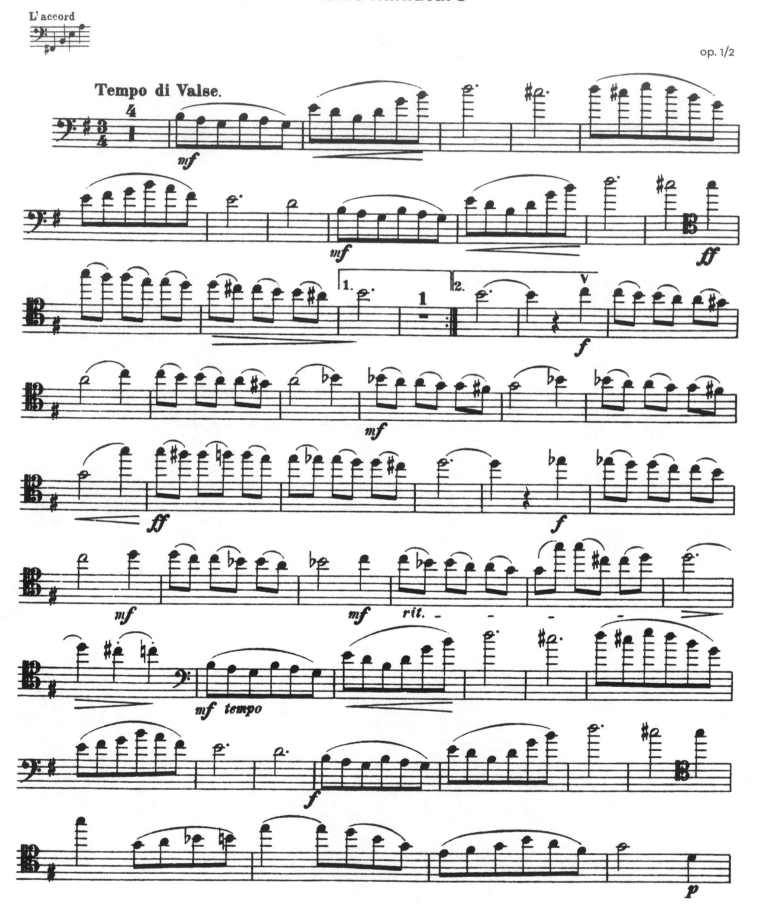

Chanson triste

op. 2

À Madame Nathalie Koussevitzky

Humoresque

op. 4